Gudrun Mebs
Tim und Pia: ganz allein!

Die Autorin:

Gudrun Mebs, 1944 geboren und aufgewachsen in Frankfurt/Main, absolvierte dort die Schauspielschule und spielt seitdem Theater. Sie wohnt heute in München und ist eine erfolgreiche Kinderbuchautorin geworden. Für ihr Buch ›Sonntagskind‹ erhielt sie 1984 den Deutschen Kinderbuchpreis und viele andere Auszeichnungen. Ihre Erzählung ›Birgit‹ steht in der Auswahlliste zum Deutschen Jugendliteraturpreis und erhielt die Janusz-Korczak-Medaille 1985. Sie schrieb außerdem die Kinderbücher ›Oma schreit der Frieder‹ und ›Und wieder schreit der Frieder Oma!‹, die Geschichtensammlung ›Meistens geht's mir gut mit dir‹ (dtv junior 70130), ›Eine Tasse, rot mit weißen Punkten‹ (dtv junior 70170), ›Wie werd' ich bloß Daniela los?‹ (dtv junior 70194), ›Ich weiß ja, wo der Schlüssel hängt‹, ›MarieMoritz‹ und ›Die Sara, die zum Circus will‹.
In dem Fernsehfilm ›Sonntagskind‹ nach ihrem preisgekrönten Buch spielt Gudrun Mebs selbst die Adoptivmutter.

Die Illustratorin:

Rotraut Susanne Berner hat für ihre Buchausstattungen 1982 den ersten Piatti-Preis gewonnen. Sie illustrierte alle Bücher von Gudrun Mebs, auch das ›Sonntagskind‹, das mit dem Deutschen Kinderbuchpreis ausgezeichnet worden ist. Außerdem gestaltet die Illustratorin für viele Verlage Buchumschläge.

Gudrun Mebs

Tim und Pia: ganz allein!

Mit Bildern von Rotraut Susanne Berner

Deutscher
Taschenbuch
Verlag

Eine Übersetzung von ›Tim und Pia‹ erschien auch in Spanien.

Von Gudrun Mebs sind außerdem bei dtv junior lieferbar:
Zwei Angsthasen (in der Reihe dtv junior Lesebär, große Druckschrift), Band 7556
Tim und Pia: ganz allein! (in der Reihe dtv junior Lesebär, Schreibschrift), Band 7533
Meistens geht's mir gut mit dir. Kindergeschicht   Band 70130
Eine Tasse, rot mit weißen Punkten, Band 70170
Wie werd' ich bloß Daniela los?, Band 70194

Originalausgabe
September 1988
3. Auflage August 1991
© 1988 Deutscher Taschenbuch Verlag GmbH & Co. KG, München
Umschlaggestaltung: Celestino Piatti
Umschlagbild: Rotraut Susanne Berner
Gesetzt aus der Garamond 16/20˙
Gesamtherstellung: Kösel, Kempten
Printed in Germany · ISBN 3-423-07589-9

Tim und Pia streiten. Oft!
Wie das bei Geschwistern eben
so ist. Leider ziemlich oft!
»Her mit meinem Teddy,
Großklotz!« kreischt der Tim.
»Weg von meinem Schulheft,
Babyklein!« kreischt die Pia.

Sie raufen und kneifen,
sie kratzen und beißen.
Bis beide heulen. Tim und Pia.
Und Mama und Papa seufzen!
Brave Kinder, das wäre schön!
Stille Kinder, das wäre schön!
Nur, das Leben ist nicht so,
für Kinder nicht,
und für Eltern schon gar nicht.
Bis die es satt haben!
Eines Tages und ganz plötzlich!
»Ich gehe!« schreit Mama,
»ich halte es nicht mehr aus!«
»Ich gehe mit!« schreit Papa.
Und packt tatsächlich die Koffer.
Tim und Pia staunen.
Die Eltern gehen wirklich!
Das kann man an den Koffern
sehen.

»Für drei Tage«, schnauft
Papa und schleppt die
schweren Koffer.
»Essen ist im Kühlschrank«,
winkt Mama. Dann sind beide weg.
Tim und Pia jubeln los!
Gemeinsam! Drei Tage ohne Eltern!
Herrlich! Vergessen ist der Streit!

Der 1. Tag ohne Eltern

Tim und Pia frühstücken.
Ungewaschen, ungekämmt,
mit ungeputzten Zähnen sowieso.

Brathühnchen und Wackelpudding. Herrlich!
Dann wird getobt.

Im Zimmer von den Eltern.
Verkleidet als Mama und Papa.
Und fröhlich schmeißen sie
Sachen rum. Alle!
Das macht Hunger!
Mama Tim muß kochen.
Das kann er gut.
Meint er!
Müsli mit Kartoffelbrei.
Papa Pia ißt brav auf.
Und trinkt drei Liter Limo…

Da muß Papa Pia Pipi
und bleibt lange auf dem Klo.
Wegen der Limo.
Und wegen dem Klopapier.
Das ist lang, meterlang.
Zum Riesenschleifen binden,
zum Badewanne schmücken…

zum Reinwickeln...
Ein Klopapier-Gespenst sein
und den Tim erschrecken.

Doch der erschreckt zurück.
Und beide brüllen gemeinsam,
bis die Nachbarn an die
Wände klopfen.
Da müssen beide kichern.
Gemeinsam.
Pia kichert schon heiser.
Vom Brüllen. Sie möchte
jetzt was Leises.
Tim möchte das auch.
»Fernsehen!« sagt er.
»Genau«, sagt Pia, »ganz
lang und wirklich alles!«
Sie hocken sich hin und starren!
Auf hüpfende Kinder, die mit
blitzweißen Zähnen grinsen
und ihre Mamis küssen.
Auf düstere Männer, die
mit Pistolen zielen...

da muß Tim zur Pia kriechen.
Und Pia zu dem Tim.
Aber Fernsehen endlos,
das ist toll ... auch wenn man
dabei einschläft ...

Der 2. Tag ohne Eltern

Tim und Pia wachen auf.
Der Fernseher nicht.
Der läuft noch immer.
»Frühstück!« gähnt Pia.
»Genau«, gähnt Tim.
Das machen sie gemeinsam.
Müsli. Weil sie das immer
löffeln am Morgen.
»Und jetzt?« gähnt Tim.

»Weiß nicht«, gähnt Pia.
Nichts fällt den beiden ein.
Verkleiden und brüllen,
Sachen schmeißen, fernsehen…
langweilig.
Streiten? Auch langweilig.
Worüber denn?
»Lieb sein«, schlägt Pia vor.
»Au ja«, sagt Tim und ist auf
einmal wach!
»Wie geht das denn?«
»Wir lieben uns«, sagt Pia,
»wie Geschwister.«
Sofort stürzt Tim auf Pia
und schmatzt sie ab.
»Hör auf«, sagt Pia, »erst
putzt du dir die Zähne!«
Tim rennt und putzt.
Pia putzt auch. Und weil sie

sowieso im Bad sind,
da waschen sie sich auch.
Und ziehen saubere Sachen an.
»Weil man sich ja sonst
schämen muß, auf dem
Spielplatz«, sagt Pia.
Weil das die Mama immer sagt.

Hand in Hand marschieren
sie los. Zum Spielplatz.
Da baut Pia eine Sandburg für den Tim
Und Tim baut eine für die Pia.
Sie streiten nicht.
Sie müssen sich lieben.

Zu Hause kocht Pia.
Knäckebrot und Apfel.
Weil sie nicht kochen kann.
Knäckebrot und Apfel,
das ist gesund.
Es schmeckt wie bei der Mama…

Dann liest Pia ein Bilderbuch vor.
Eines, was der Tim längst kennt.
Er hört trotzdem zu.
Weil Pia so lieb liest.
Weil sie heute auch lieb sein müssen.
Weil sie es so beschlossen haben.
Und niemand ist da und lobt!
Liebsein ist langweilig,
wenn es gar niemand hört
und sieht und lobt ... oder?

Fernsehen wollen heute
beide nicht. Weil niemand
da ist, der es ihnen verbietet.
Sie spielen Schnipp-Schnapp.
Und streiten dabei kein bißchen.
Langweilig!
Was ist ein Schnipp-Schnapp-
Spiel schon ohne Streit?

»Schnapp«, sagt Pia,
»jetzt ärgere dich doch mal!
Ich hab gewonnen!«
Doch Tim zuckt nur die
Schultern und seufzt.
Da räumt Pia die Karten weg.
Und seufzt auch!

Was Papa und Mama wohl machen?
»Sie leben jetzt in Saus und
Braus«, sagt Pia.
»Ohne uns«, nickt Tim trübe.
Und beide seufzen tief.
»Mama kauft tausend neue
Kleider«, sagt Pia.
»Sie speisen tolle Speisen«,
sagt Tim.
»Sie tanzen Jubeltänze«,
sagt Pia, »und alles ohne uns!«

»Sie haben uns vergessen!«
sagt Tim, »bestimmt!«
Es tropft ihm eine Träne
auf sein Knie.
»Heul nicht«, sagt Pia,
»du hast doch mich.«
Da heult Tim erst richtig los.

Pia ist nicht Mama,
Pia ist nicht Papa.
Das sieht Pia ein und möchte
am liebsten selber heulen.

»Wenn sie nun nie wiederkommen?«
schluchzt Tim.
»Dann sind wir arme Waisenkinder«,
schluchzt Pia.
Und beide weinen gemeinsam.
Papa und Mama, wie konnten
sie nur! Einfach so weggehen!
Einfach so die Kinder verlassen!
Das dürfen doch Eltern
nicht! Nie!!!

»Putz dir die Nase«,
schnieft Pia, »wir brauchen
Papa und Mama nicht.
Wir schaffen es auch alleine!«
»Genau«, schnauft Tim, »aber wie?«
»Da fällt mir schon was ein«,
sagt Pia, »verlasse dich nur auf
mich!«

»Mir fällt auch was ein«,
sagt Tim, »ich passe auf dich auf.«
Feierlich reichen sie sich
die Hände...
und zucken zusammen.
Und kriechen zusammen.

Da war ein Geräusch.
An der Tür.
Es kratzt im Schlüsselloch.
Es knirscht die Tür...
die Tür knirscht auf...

Papa und Mama! Da stehen sie.
Mit schweren Koffern
und beide ziemlich blaß.
Da sind sie ja wieder.
Und viel zu früh!

»Wir haben solche Sehnsucht
nach euch gehabt«, sagt Papa.
Die Mama nickt dazu
und wischt an ihren Augen.
»Und wir wollten es gerade
ohne euch schaffen«, schreit Tim
und springt der Mama in die Arme.
»Genau«, schreit Pia
und hängt dem Papa an dem Hals.
Sie schmusen und küssen
und brüllen durcheinander.
Der Abend ist wunderschön!

»Siehst du«, sagt Pia,
»sie schaffen es nicht ohne uns!
Ich hab's doch gleich gewußt.«
»Nein, ich«, sagt Tim
und schmeißt sein Kissen
der Pia an den Kopf.

Die schmeißt zurück.
»Nein, ich! Babyklein!«
»Nein, ich! Großklotz!«
»Babyklein!«
»Großklotz!«

Die Eltern hören und lächeln.
Die Kinder sind wie immer.
Die Kinder sind gesund.
Was für ein Glück!
Tim und Pia grinsen.
Die Eltern sind wieder da.

Es ist wie immer.
Was für ein Glück!
Und Kissenschmeißen
tut überhaupt nicht weh...